AF242558

NOTICE
SUR FIESCHI,

SUIVIE DE

RÉFLEXIONS SUR LE FANATISME

ET

LA LIBERTÉ DE LA PRESSE,

PAR M. ALEXANDRE BELLE.

PARIS,

DELAUNAY, BARBA, LIBRAIRES, PALAIS-ROYAL;
ET CHEZ LES MARCHANDS DE NOUVEAUTÉS.
AOUT 1835.

NOTICE

SUR FIESCHI.

Cette cité magnifique, l'une des plus industrieu-
ses et des plus florissantes du monde, ce temple
du génie et de la gloire, berceau des arts et de la
civilisation, cette capitale de la France qui imposa
des lois à l'univers entier, se disposait à célébrer
le cinquième anniversaire de la révolution de 1830,
lorsqu'un crime exécrable, indigne même des
temps de la barbarie la plus reculée, un crime in-
qualifiable, vint y glacer d'horreur et d'épouvante

ces âmes généreuses courant en foule à la fête so-
lennelle de la patrie.

Un scélérat fanatique, un Corse, Fieschi, par
l'explosion d'une machine infernale, dont l'hu-
manité repousse avec horreur la combinaison, a
fait périr de la mort la plus déplorable un illustre
maréchal échappé aux périls de la guerre, mois-
sonnant à l'ombre de la paix les lauriers de la vic-

toire; un citoyen comptant chaque jour de son existence par un bienfait; des officiers non moins recommandables par leurs talents militaires que leurs vertus privées; une jeune fille, portrait vivant de chasteté et d'innocence! La nation en deuil déplorera sans cesse la mort de ces martyrs de la patrie. Que d'actions de grâces la France ne rend-elle pas chaque jour à la sagesse de la Providence, de l'avoir préservée du fléau de l'anarchie en sauvant Louis-Philippe et sa famille de l'attentat de Fieschi-Gérard!

Ce monstre, ce Fieschi dit Gérard, naquit en Corse, en 1788, de parents probes et pauvres, dans un village près d'Ajaccio. A l'âge de treize ans, il s'enfuit brusquement de la maison paternelle pour se rendre à Naples, où il s'engagea dans l'infanterie légère. En très peu de temps il y apprit à lire et à écrire, et, à dix-huit ans, était parvenu au grade de sergent. Renommé pour un des plus intrépides soldats de Murat, il fut décoré par ce prince, auquel il resta fidèle jusqu'en 1815. La position de Murat changea totalement à cette époque. Du service de l'Italie Fieschi passa au service de l'Autriche. Sa trahison contribua puissamment à la défaite du 2 mai, où les troupes italiennes furent mises en déroute par les généraux Napperg et Bianchi.

Vers le milieu de 1815, Fieschi retourna en Corse dans un entier dénûment. Il y fit bientôt des dépenses assez extraordinaires. Le 15 décembre 1816, il quitta le ciel nébuleux de la Corse pour le climat tempéré du Rhône. Reconnu à Lyon pour l'auteur d'un vol peu important avec des circonstances aggravantes, il fut condamné à dix ans de réclusion et à la surveillance de la police à l'expiration de sa peine. Des prisons de Lyon on le transféra dans celles d'Embrun, où, pendant sa captivité, il étudia la fabrication des draps et des papiers peints.

A sa sortie d'Embrun, Fieschi retourna à Lyon. Admis dans une fabrique de draps en qualité d'ouvrier, par son intelligence, il y devint en peu de temps contre-maître; mais sa condamnation ayant été découverte, il s'enfuit précipitamment, se réfugia à Lodève, et s'y fit connaître sous le nom de Gérard, nom qu'il s'était impatronisé par la soustraction des papiers d'un Gérard de Lodève, mort dans les prisons d'Embrun. Fieschi demeura long-temps à Lodève, et y fut attaché à une manufacture de draps.

La révolution de juillet éclate; Fieschi, dont la vie orageuse lui inspire même de l'horreur, ne sachant où se fixer, en proie à une soif ardente des richesses, part précipitamment de Lodève, se dirige sur la capitale, et, en reptile adroit, à force d'astuce et de souplesse, il s'y attire l'intérêt des héros de cette époque.

Les condamnés politiques de la restauration ayant réclamé une indemnité du nouveau gouvernement, Fieschi s'empare de cette circonstance pour satisfaire la soif de l'or dont il est dévoré; il fabrique de faux certificats, se fait passer pour un parent de son nom décédé, et qui avait subi une longue détention pour délit politique. C'est ainsi qu'il obtint un secours mensuel du ministère de l'intérieur. Mais, en 1833, la commission d'examen ayant reconnu la fausseté des pièces et des certificats de Fieschi, un mandat d'amener fut lancé contre sa personne, mandat qui ne put recevoir d'exécution, tant Fieschi était habile à se soustraire aux recherches de la justice.

En 1835, il loua sur le boulevard du Temple ce repaire, d'où il fit partir cette machine infernale, pour l'établissement de laquelle un brocanteur lui rendit des canons de fusil défectueux qu'avait rebutés une manufacture d'armes. Quoique l'explosion eût horriblement fracassé la tête de Fieschi et lui eût fait les blessures les plus graves, il a cependant tenté la fuite, à l'aide d'une corde disposée à cet effet; au moment même de son arrestation, il était porteur d'un pistolet et d'un martinet armé de balles de plomb, dont il menaça les agents de police qui s'emparèrent de sa personne; ses blessures seules l'empêchèrent, leur dit-il, de les mettre tous en déroute.

Fieschi est d'une stature ordinaire; l'expression de sa figure dévoile le sentiment du crime; il a le front haut, les yeux vifs et perçants, les lèvres minces et les pommettes saillantes; son sourire est hypocrite, son corps grêle, sa force musculaire et sentie. Vif, prompt et très silencieux, Fieschi est spirituellement et corporellement doué des facultés nécessaires aux plus grands scélérats.

En fouillant l'histoire ancienne et moderne, on a à déplorer une multitude de forfaits engendrés par le fanatisme, ce fléau de l'espèce humaine, que la nature semble avoir enfanté pour sa propre destruction; le fanatisme a exercé son fatal empire partout où la civilisation est restée tardive, partout où la civilisation a pris un essor trop libre, un essor trop rapide.

Henri III succomba sous le poignard de Jacques Clément; Henri IV, ce bon roi dont le peuple garde religieusement la mémoire, périt de la main de Ravaillac; la Providence sauva Louis XV du poignard de Damiens, Napoléon, de la tentative meurtrière de Cadoudal. En 1835, Fieschi combine une machine infernale destinée à donner une mort cruelle à Louis-Philippe, aux autres chefs de l'état, et à une masse de citoyens; machine infernale dont l'explosion a fait un nombre de victimes encore incalculable.

Fieschi, qui a disposé et mis en mouvement cette mécanique meurtrière, n'en peut avoir arrêté seul la combinaison : qu'un homme ait seul conçu un instrument aussi destructeur, le bon sens et la saine raison en rejettent la pensée; une vengeance particulière ne peut avoir été la cause du crime de ce fanatique; s'il n'avait eu réellement que le projet d'attenter à l'existence de Louis-Philippe, aurait-il attendu et choisi une circonstance qui devait réunir le roi citoyen, sa famille, les conseillers de la couronne et une foule de citoyens? Non, Fieschi était le vil instrument d'une faction dont l'or l'a poussé à commettre le plus odieux des attentats. Et cet abus si révoltant, cet abus si scandaleux, d'une presse en délire qui, depuis cinq années, couvre sans relâche des plus atroces calomnies et des plus injurieux soupçons Louis-Philippe, sa famille, les dépositaires du pouvoir, les représente comme des monstres sauvages, altérés du sang français, n'a-t-elle pas enflammé l'imagination exaltée et déjà criminelle de Fieschi, au point de le convaincre que l'assassinat du roi, de sa famille et des chefs de son gouvernement, serait l'acte du patriotisme le plus sublime, comparable au dévouement d'Eustache de Saint-Pierre, et de ces Calaisiens qui, en 1347, se jetèrent la corde au cou aux pieds d'Edouard III, pour le salut de la patrie.

Interrogeons les doctrines professées par cette presse poursuivant les chefs du gouvernement dans les moindres détails de la vie privée, de cette presse dévoilant les secrets les plus inviolables des familles.

N'a-t-elle pas, cette presse licencieuse, par un système arrêté, constamment calomnié tous les actes du gouvernement, en lui supposant les projets les plus coupables?

N'a-t-elle pas combattu, par le langage le plus amer, l'existence du gouvernement, en prétendant que Louis-Philippe régnait contre le vœu de la nation?

N'a-t-elle pas indignement calomnié, en maintes et maintes occasions, Louis-Philippe, la chambre des pairs et la chambre des députés, tant individuellement que collectivement?

N'a-t-elle pas accusé le gouvernement d'ourdir lui-même, par ses agents, des complots contre la vie du roi, pour ressaisir, dans un danger imaginaire, l'estime et la confiance de la nation?

N'a-t-elle pas prétendu et offert la preuve que Louis-Philippe avait acquis la propriété de la créance américaine?

De combien d'odieuses calomnies n'a-t-elle pas encore outragé MM. Casimir Périer, dont la France regrettera toujours la perte; le maréchal Soult, le duc de Bassano; MM. Thiers et Guizot, ces illustres historiens, et ces magistrats, qui, en dépit des fauteurs de troubles et d'anarchies, soutiennent de leurs lumières et de leur éloquent patriotisme la monarchie constitutionnelle de 1830!

Cette presse scandaleuse n'a-t-elle pas transformé en salle de spectacle le sanctuaire de la justice, où les arrêts étaient applaudis ou sifflés, selon l'avantage de la doctrine dont elle était l'organe?

N'a-t-elle pas encore eu recours à toutes les tentatives imaginables pour effrayer le jury, par l'indication du domicile et la publicité de la décision personnelle de ses membres?

N'a-t-elle pas répandu en profusion, dans un but patriotique recouvert d'égoïsme et d'ambition, des doctrines provoquant à la destruction du gouvernement les classes les plus nécessiteuses et les plus ignorantes de la société?

N'a-t-elle pas aussi fait un éloge outré de la république des Etats-Unis, et appelé son établissement de tous ses vœux et de tous ses efforts?

N'a-t-elle pas encore, indépendamment des doctrines révolutionnaires professées chaque jour, formé des sociétés secrètes, dont les membres juraient sous serment la destruction de tous les rois et de tous les gouvernements constitutionnels et monarchiques?

N'a-t-elle pas fait naître l'insurrection de la Vendée? Ne l'a-t-elle pas vivement provoquée à la guerre civile, en présence de cette comtesse de Luchesi Palli, y briguant le retour de Charles x et de sa dynastie?

Dans quelle foule de carricatures les plus ob-
scènes et les plus scandaleuses n'a-t-elle pas encore représenté, avec une ressemblance indubita-
ble, Louis-Philippe, la Chambre des pairs, la
Chambre des députés, individuellement et collectivement, le duc d'Orléans, le maréchal Lobau
et le duc de Dalmatie (ces intrépides guerriers que
Napoléon honora de tant d'estime et de confiance), le prince de Talleyrand, le général Bugeaud,
le colonel Viennet, MM. Casimir Périer, Thiers,
Persil, Guizot, Montalivet, d'Argout, Dupin aîné,
des membres de l'armée, de la garde nationale,
une foule d'autres personnages ; et, enfin, l'une
des plus illustres victimes de l'attentat du 28 juillet, le maréchal Mortier ?

N'a-t-elle pas aussi invoqué le retour de ce hideux
drapeau de la république sanglante de 93, de ce
drapeau fumant encore du sang de nos pères?

Quel éloge injurieux n'a-t-elle pas encore fait
des scènes scandaleuses qui se sont passées ré-
cemment à la Cour des pairs?

N'aurait-elle pas accusé de nouveau le gouvernement d'un autre projet d'émeute, si Fieschi eût
échoué totalement dans son entreprise criminelle?

Enfin est-elle innocente et ne peut-on lui demander compte du sang versé à Lyon, à Paris, à Grenoble et à Marseille?

Cette liberté de la presse, appelée par sa naissance à maintenir les droits de tous, à protéger les intérêts de chacun, à répandre les lumières, à inspirer l'amour de l'ordre et le respect des lois, est devenue, par ses transports frénétiques et son scandaleux délire, le refuge de l'ambition, de l'injustice, de l'intrigue et de l'égoïsme! Que de sang n'ont pas fait couler ses doctrines révolutionnaires! Que de braves soldats, respectés par les armées ennemies, n'ont pas, au sein de leur patrie, reçu en défendant les lois menacées, la mort de leurs concitoyens eux-mêmes! Que de jeunes gens sans expérience, que d'ignorants crédules n'a pas fanatisés ce dévergondage de la presse!

Ces insensés fanatiques, ils ont tenté le renversement de Louis-Philippe au nom de ce peuple qui l'assit lui-même sur le trône!

Par amour de la justice, ils ont outragé les juges; Français, ils ont égorgé des Français au nom prostitué de patriotisme!

A la nouvelle de cet infâme attentat, qui mit en danger Louis-Philippe et sa famille, la France entière retentit spontanément d'un cri unanime d'indignation; elle s'empresse d'offrir au monarque-citoyen qu'elle s'est donné de nouveaux témoignages de confiance et d'amour. Irritée de la fin déplorable d'innocentes victimes, elle appelle sur leur assassin la vengeance des lois. Menacée de nouveau dans les fondements de sa constitution, elle réclame d'un vœu général la destruction d'infâmes caricatures, et la répression des abus d'une presse effrénée et en délire.

Représentants de la nation, la France invoque votre patriotisme, votre sagesse et vos lumières. Citoyens, princes, ministres, Français, rallions-nous toujours ensemble à cette patriotique et salutaire devise :

LA FRANCE, LA CHARTE, et LE ROI.

IMPRIMERIE DE GUIRAUDET ET JOUAUST,
rue Saint-Honoré, n° 315.

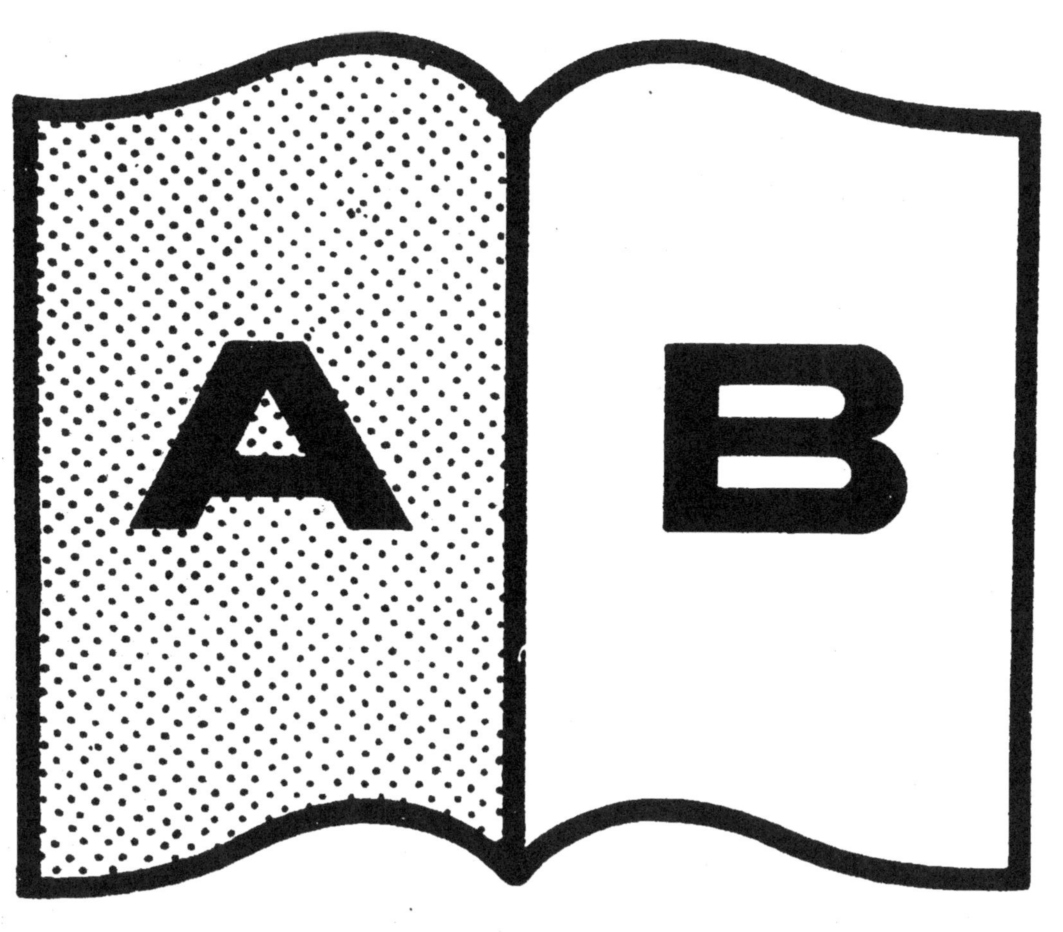

Contraste insuffisant

NF Z 43-120-14

www.ingramcontent.com/pod-product-compliance
Lightning Source LLC
Chambersburg PA
CBHW051328050726
47595CB00008B/3765